Für alle, die schon viel zu lange darauf warten.

AF189011

schreiben ist gleichermassen
gehört und überhört werden

die sonst zu leisen worte
finden endlich gehör

aber keines der worte
liest sich in der eigenen stimme

früher immer gedacht
ich brauche einen kompass
jemand oder etwas
das mir den weg zeigt

heute fühle ich mich eher wie ein
löwenzahnsamen

ich bin mein eigener fallschirm

und wo auch immer ich lande
ich werde wachsen

amnesie

manchmal
schreibe ich dinge auf
um sie nicht zu vergessen

manchmal
schreibe ich dinge auf
um sie zu vergessen

die fäden laufen
bei mir zusammen
/
ich habe mich darin verstrickt

ich bin ver-rückt
aus der mitte geraten
ich denke nicht mehr
allzu viel
und auch nicht
dass du ein guter mensch bist

ich bin ver-rückt
aus der mitte geraten
fühle mich dumpf
der zugang zu meinen gefühlen
ist eine tür
die nur von innen aufgeht

hinterlasse meine haare
in deiner wohnung
und du deinen duft
auf meinen kleidern

und während wir
den ganzen sonntagnachmittag
in deinem bett verschlafen
und es draussen wieder kühl wird

du dabei
so nahe zu mir liegst
dass du mich zwar nicht berührst
aber spürst

frage ich mich
ob das das ende der einsamkeit ist
oder erst
der anfang

ich kriege nichts mehr
auf die reihe
sage ich

macht nichts
sagt sie
es geht nicht um reihen
buchstabe um buchstabe reicht

wer zu tief
zwischen die zeilen fällt
verliert sich in den worten
bis er sie dann plötzlich
nicht mehr findet

ich lasse die ungewollten gefühle
zu wort kommen
lasse sie aussprechen
höre ihnen zu

jeder buchstabe eine ungewollte
berührung
jede silbe voll mit hilflosigkeit

die ungewollten gefühle und ich
wir beenden nicht
die sätze des jeweils anderen

wir stecken bloss beide fest
in diesem körper
der uns trotz unserer heftigen gegenwehr
immer noch tragen will

ich will dich nicht anrufen
dir keine briefe schreiben
ich weiss nicht, was ich sagen soll
und ich weiss, dass du sowieso nicht da
wärst
ums zu hören

wir müssen nicht reden
mit worten waren wir eh nie gut
ich weiss bloss immer noch
viel zu gut
wie es sich anfühlt
wenn unsere körper ineinander verfliessen

wir sind schon lange kein fluss mehr
und das ist in ordnung
aber seit du weg bist
weiss ich nicht mehr
wie man aufhört zu fallen

manchmal
drehe ich mich im kreis
damit ich mich nicht fragen muss
wo ich eigentlich hin möchte

auf deinem bett sitzend
aus dem fenster rauchen
wir sind nichts weiter
als silhouetten
im schwachen kerzenlicht

rote lippen vom wein
für einen moment
nicht mehr verloren sein
ohne einen hauch orientierung
gefunden zu haben

nur ganz kurz
zwischen zwei wimperschlägen
hat es nach deinem zuhause gerochen
nach alten holzböden
und frischem kaffee

die augen wollte ich
nicht mehr öffnen
habe mich nicht mehr gerührt
(ausser meine zittrigen finger)
weil ich angst hatte
dass ich den duft
wegwischen würde
würde ich mich bewegen

ein bisschen hat es mich auch beruhigt
denn es spielt keine rolle
wie weit wir uns entfernen
ein teil von dir ist immer noch
nahe genug bei mir
dass ich dich riechen kann

(egal wie zart
egal wie vergänglich)

kapitalismus ist
wenn mensch sich nicht einmal
luftschlösser
leisten kann

du zeichnest die menschen
um dich herum
so weich
ohne ihnen
ihre ecken und kanten abzuschleifen
ohne sie jemals irgendwie
überspitzt dastehen zu lassen
ohne sie jemals biegsam zu machen

und ich wünsche mir
dass ich das mit mir selbst
auch irgendwann kann
weich zu bleiben
ohne meine grenzen zu vergessen
weich zu bleiben
und dabei trotzdem nicht brechbar zu
werden

ich sehe mich
in dir
und übersehe dich dabei

und irgendwo
in den hintersten winkeln
meines körpers

etwa so gross wie ein staubkorn
lag ein bisschen hoffnung
ein kleiner wunsch

dass wir nur einmal ganz kurz
mehr sein würden
als wir sein können

niemals alles ausgesprochen
immer ein bisschen um die worte getanzt
aus angst, zu viel zu sagen
aus angst, zu viel zu geben
trotzdem jeden ungesagten buchstaben
verstanden
aber mittlerweile
bleibt es still zwischen uns
und zwischen den zeilen
kann man nur lesen
wenn es zeilen dafür gibt

l) ich will dich nur noch
ein bisschen länger lieben
/
ich liebe dich
schon lange nicht mehr

II) ich will dich nur noch ein bisschen
länger lieben
/
ich liebe dich schon lange
nicht mehr

nach all den jahren
in denen ich jeden herbst
den blättern zugesehen habe
wie sie von den bäumen fallen

die bäume danach kahl und nackt
bis die zeit reif ist
für einen neuanfang

vielleicht fehlt mir der mut
den die bäume nicht brauchen

denn noch immer
habe ich keine ahnung
wie man loslässt

bin die königin
der abwehrmechanismen
habe mehr überlebensstrategien
als schuhe
und dass, obwohl ich vor allem überlebe
weil ich ständig (weg)renne
- auch wenn es nur im kreis ist -
und irgendwann
zwischen verteidigung und abwehr
(der ganzen welt)
habe ich gelernt, wie man überlebt
und dabei vergessen, wie man lebt

sich wieder wie 16 fühlen
mit deinem kopf auf meinem schoss
und meinen fingern in deinen haaren
sie in diesem moment
genau so lieben wie damals
(und dich auch ein bisschen)

sich wieder wie 16 fühlen
mit dir die zeit vergessen
und trotzdem nicht mehr leugnen können
dass das mit uns gleichermassen
für immer und niemals
sein wird

das mit uns ist für immer
(vorbei)

manche gefühle
jucken irgendwo da
wo selbst das heftigste kratzen
nicht ankommt
und egal wie oft wir uns
blutig kratzen
es hört niemals auf
zu jucken

.

ich will, dass das niemals aufhört

/

ich bin froh, dass es endlich vorbei ist

/

wir hören nie auf, vorbei zu sein

mit rotweinlippen lachen wir
zwischen laken und kalten füssen
du willst mir meine wärme stehlen
aber ich teile nicht gerne

blicke treffen sich
dich, mich, uns
unerwartet endgültig in ihrer form
tiefer als erwartet

es blieb uns nicht anderes übrig
als die augen zu schliessen
und zu hoffen
dass sich die gefühle wegblinzeln lassen

und die, die noch übrig bleiben
lassen wir langsam
aber ohne zu zögern
zwischen unseren lippen verschwinden

keine zeit verlieren
keine worte verschwenden
oder doch lieber
keine zeit verschwenden
kein wort verlieren

plop plop plop
fallen sie laut
und die zeit bleibt stehen
während die worte in einander verlaufen

ich wünschte
wir könnten uns gegenseitig
beim wachsen zusehen

dafür sorgen
dass wir einander
wasser geben
licht spenden

aber stattdessen
giesse ich dich
und mir bleibt nur
die müdigkeit

es gibt eine wurmart, die man in tausend
stücke schneiden kann und aus jedem
dieser stücke wächst ein neuer wurm

vielleicht ist das mit herzen auch ein
bisschen so

aus jedem gebrochenen teilchen wächst
ein neues herz

und vielleicht hab ich deshalb so viel liebe
in mir
und so wenig platz in meiner brust

dich nur geküsst
wie spielsüchtige spielen

immer mit dem gedanken
'nur noch einmal'

in mir brennt es
seit ich denken kann
tobt dieses feuer
in meiner brust

nach unserem ersten kuss
war mir klar
dass du dir die zunge verbrannt hast
und den geschmack nicht mehr
aus dem mund kriegen wirst

zischend fällt der regen
auf den heissen asphalt
furchtlos davor
im nichts zu verschwinden

ein bisschen wie du
mich berührt hast
und dabei nichts mehr von dir
übrigbleiben konnte

du hast angst vor tiefen gewässern
die badewanne ist deine komfortzone
bis heute weiss ich nicht warum
du dich trotzdem
kopfüber in mich gestürzt hast

vielleicht
sind fingerabdrücke
auf herzen
genau so lange
nachweisbar
wie die abdrücke
auf der pistole
beim tatort
den wir uns jeden sonntag
ansehen

aber vielleicht
sind fingerabdrücke
auf herzen
eher wie die weissen spuren
die man hinterlässt
wenn man sonnenbrand hat
und drauf drückt
ein paar sekunden
leuchten sie hell
und dann sind sie
für immer verschwunden

zwischen die zeilen treten
die nie genug hergeben
immer zu wenig bleiben
sogar dann
wenn es schon längst zu viel ist

zwischen die zeilen treten
und getroffen werden
von all den worten
die nicht gesagt werden können

zwischen uns ist so viel
grosses, kleines
zwischen uns ist so viel
ich sehe dich
schon längst nicht mehr

dass du dich in mich verliebt hast
weil ich immer so schön
durchs leben tanze
sagtest du

mir war von anfang an klar
dass ich nicht tanze
ich weiche bloss geschickt
dem leben aus

manche herzen schlagen so laut
dass selbst die deutlichsten worte
im lärm untergehen

manchmal hat mein herz
so heftig
gegen meinen brustkorb gehämmert
dass jede umarmung für dich
ein schlag in die magengrube war

ich wünschte
du würdest mich
so tief
und so laut
lieben
wie du atmest
wenn du schläfst

darauf gewartet
in der nächsten welle
ertrinken zu können

stattdessen verdurstet
mitten im see

spiegel der gesellschaft
mehr als eine floskel
immer nur das reflektieren
was vor einem steht
dabei das ganze licht abbekommen
und nichts davon
behalten können

wie ein süsser duft
schleichst du dich unerwartet
in meine nase
vorsichtig streifst du mich
verweilst ein bisschen
manchmal rieche ich dich noch
obwohl du schon längst weg bist

du wühlst mich auf
durchforstest mich
ziehst mich aus
lässt mich liegen

kann nicht schlafen
nicht mehr denken
nur noch fühlen
viel zu viel

aber mein herz
klebt an dir
mit sekundenkleber
damals befestigt

und immer
wenn du gehst
reisst du alles andere
auch mit

du schreibst
dass du es wieder
und wieder erlebst
dass der zeitpunkt
an dem du gehst
nicht der zeitpunkt ist
an dem du gehen möchtest

und ich frage mich
ganz leise
gerade so
dass du es nicht hörst

ob du bei all den malen
bei denen wir gegangen sind
schon längst
oder noch lange nicht
gehen wolltest

da steht jemand vor der tür
denke ich
und mache nicht auf

ignoriere das leise atmen
auf der anderen seite
überhöre das vorsichtige klopfen

wende mich wieder
anderen dingen zu
ohne zu bemerken

dass der
den ich draussen
stehen lasse
ich selbst bin

immer wieder
auf die uhr sehen
um nicht wahrhaben zu müssen
dass der richtige zeitpunkt
manchmal einfach
nicht kommt

egal wie oft
ich zu zerbrechen scheine
meine alten muster
brechen nie

ich möchte mich
entfalten
immer wieder
mich selbst
in meiner ganzen grösse
kennenlernen

ich möchte ein teig sein
plattgewalzt mit dem nudelholz
noch gleich viel in der masse
aber besser verteilt

in der lage sein
mich zusammenzufalten
wenn es denn nötig ist
aber nicht zu oft
damit die falten
nicht rissig werden

in töpfe geschwiegen
in gedanken gerührt
ob du noch salzen sollst
fragst du
ich schüttle leise den kopf
auch mit tränen
lässt sich das essen versalzen

ich weiss nicht
wohin mit meinen augen
oder händen
wenn du mich so anlachst
und ich bin nicht sicher
ob das glück gerade laut oder leise ist
es lässt sich nicht fassbar machen
bleibt ungreifbar
ausser reichweite
und während du meine hand hältst
wird es so deutlich
dass glück nicht begriffen werden will
weil glück lieber selber zugreift
manchmal auch mit würgegriff

ich muss meine gefühle nicht
in worte fassen
sie dürfen gefühle bleiben
sie sind schon endgültig
so wie sie sind

aber ich weiss nicht
wie ich all die eingeklemmten gefühle
aus meiner brust bekommen soll
wenn sie nicht
zu sätzen werden dürfen

zuckerbrot und peitsche
zum frühstück
seit ich denken kann

wissen, dass man geliebt wird
aber nicht ganz sicher sein
welcher teil von dem ganzen
denn eigentlich liebe sein soll

dass du meine schuhe magst
hast du mir bestimmt
schon tausend mal gesagt
aber als ich eines morgens gehen wollte
und versuchte
mich unbemerkt rauszuschleichen
bist du aufgestanden
als ich im flur vor der tür stand
und hast auf meine schuhe gestarrt

ob du meine schuhe
immer noch so magst
frage ich mich immer wieder
jetzt wo du weisst
wie gut ich damit
vor dir wegrennen kann

keine zigarette
glüht hell genug
um mir den weg zu zeigen

kein wein der welt
kann mir die schwere
aus den beinen nehmen

noch ein bisschen tanzen
noch ein bisschen lieben
noch ein bisschen lernen

der weg ist hier nicht zu ende
aber weiter geht er trotzdem
noch lange nicht

in meiner familie
beherrscht man stille kommunikation
schweigen als strafe
sich verstecken
hinter angestauten gefühlen
der letzten zwanzig jahre

in meiner familie
quittiert man negative gefühle
mit blinder wut
und liebesentzug
weil man die eigene liebe
grade selbst nicht findet

in meiner familie
war meine stärke
deutlich zu sprechen
jedes wort
jedes gefühl
jeder gedanke
silbe für silbe laut und deutlich

in meiner familie
habe ich gelernt
dass es keine rolle spielt
wieviel man sagt

wenn niemand da ist
der zuhören will

sieben jahre
bis jede zelle der haut
sich erneuert hat

ich frage mich seit sieben jahren
wie lange das wohl
mit seelen dauert

die traurigkeit
sitzt mir gegenüber
nackt und ungeschminkt
hält den augenkontakt
lässt nicht von mir ab

nicht mehr verleugnen können
dass etwas fehlt
das nicht ersetzt werden möchte
sich dabei einreden
dass abwesenheit auch eine form
des da seins ist

aber manche wünsche
müssen so leise sein
dass das herz sie nicht hört
damit sie nicht in erfüllung gehen
(können)

sich selbst
zur dauerbaustelle machen
wachsen wollen
besser werden

worte suchen
manchmal finden
ihnen viel zu oft
nicht gewachsen sein

fragen stellen
immer wieder
alles wissen wollen
nichts unverstanden lassen

zwei schritte nach vorne
vier wieder zurück
egal wieviel man wächst
das leiden wächst mit

stetiger austausch
ohne darüber zu sprechen
was nachts den schlaf
und tagsüber den verstand raubt

im schritttempo weg von der

die ich war
und stattdessen die werden
die ich gerne sein möchte

sich unverhofft
näher kommen
fast schon
ineinander stolpern
einander auf die füsse treten

beschämt
ein wenig zurückweichen
zu boden sehen
abstand halten
und auf den nächsten sturz warten

leise atmend
in die dunkelheit
schweigen

die tausend fragezeichen
über deinem kopf
hüpfen hören

deiner lauter werdenen
verzweiflung
stumm horchen

wissen
dass du verstehen willst
und ich nicht erklären möchte

dich über mich beugen
um mich zu küssen
vorsichtig zurückküssen

sanft die finger
in deinen haaren
verschwinden lassen

während der stein

der dir vom herzen fällt
meins zerbricht

schwer fallen
sich trotzdem
leicht fühlen
nicht weinen wollen
können, müssen
sich am ende
nicht noch einmal umdrehen
weil alles wichtige
im brustkorb pocht

über deinen blick gestolpert
als du meine hand geküsst hast
verwirrt wieder aufgestanden
dich nicht mehr gefunden

später dann verstanden
du magst lieber menschen
die mit beiden beinen
im leben stehen

im schutz der dunkelheit
lache ich
so laut
und so ehrlich
dass du auch ein bisschen
lachen musst

und ich frage mich
ob du mich so laut
und so ehrlich
lieben kannst
dass ich dich auch ein bisschen
lieben muss

schnitte an den füssen
von den scharfen steinen
die brennen
wenn das meer vorsichtig
seinen weg
zu den felsen sucht
um sie dann ganz sachte
zu berühren

fast ein bisschen
wie mit dir

konturen verschwinden lassen
nicht mehr wissen
wo ich anfange
und du aufhörst

und trotzdem
nicht weniger ich sein können
nicht weniger du sein müssen

eins werden
zwei bleiben

finde keine worte
für das
was ist

die worte finden mich nur
für das
was war

der wind schlängelt sich
durch die äste
des kirschbaums
rüttelt ein bisschen daran
und verschwindet wieder

und du krallst dich
um die wurzeln
meines herzens
hinterlässt abdrücke
bevor du verschwindest

und ertappe mich dabei
wie ich mir wünsche
nur ein einziges mal
wäre ich der wind
und du der baum

die worte
noch brüchiger
als die lippen

halte deine hand
du schneidest mir
mit deinen nägeln ins fleisch

lasse die erinnerung an dich
in meinem mund rumrollen
als wäre sie ein guter wein

mein herz ruft nach dir
aber du
du rufst nicht zurück

schwer atmend
fährst du
mit geschlossenen augen
die konturen meiner rippen nach

und während deine finger
über meinen körper streichen
klopft dein herz an deinen brustkorb
als wäre er eine tür

ich weiss nicht
was wir hier tun
was wir hier sind
was wir hier wollen

aber du drückst mich
so fest an dich
dass ich mit deinem greifen
beginne zu begreifen

und während unsere körper
aneinander gedrückt sind
und unsere herzen
gegeneinander schlagen

begreifst du auch

dass das
was wir hier zu greifen versuchen
gar nie weg war

manchmal sind meine wünsche so laut
dass ich das glück nicht hören kann
wenn es dann endlich da ist

schneewittchen nennst du mich
vergleichst mich mit amélie poulain
aber dennoch
mehr als nur eine faszination
sagst du
mehr als nur ein schönes gesicht

es wird noch dauern
bis du verstehst
das glitzern in meinen augen
gehört zum sturm
der schon seit ich denken kann
in meinem brustkorb tobt

wir sehen uns gemeinsam
unsere vergangenheit an
wie ein fotoalbum

wehmütiges durchblättern
jedes bild genau ansehen
ein bisschen traurig werden
ein bisschen lachen müssen

aber statt bilder
von dem was war
bleiben uns nur bilder
von dem
was hätte sein können

ich dachte immer
du schmeckst nach heimat

es war bloss die traurigkeit
die aus deinen poren gesickert ist

worte finden sich nicht mehr
oder wenn, dann solche
die nur noch grössere lücken
zwischen uns reissen

nur gefühle gibts noch im überfluss
so lange aufgestaut
würden sie sich wohl
sehr langsam in bewegung setzen

und irgendwo
auf der immer länger werdenden strecke
zwischen uns
ins nichts fallen

mensch freut sich nur solange darüber
dass es bergauf geht
bis er merkt
dass er auf einem fahrrad sitzt

bei manchen löchern
die andere hinterlassen, wenn sie gehen
reden wir uns ein
dass sie nur mit worten gestopft werden
können
mit worten von dem menschen
der das loch verursacht hat

ich wünsche mir worte
von dir
aber die konsequente stille zwischen uns
hat sich so sehr ausgebreitet
dass sie mehr löcher gefüllt hat
als worte jemals füllen könnten

es finden sich noch immer
von zeit zu zeit
scherben von dem, was wir mal
liebe
nennen konnten

anfangs habe ich mich
daran geschnitten
bin versehentlich reingetreten
die wut so gross
dass ich sie auch beim tausendsten
unabsichtlichen schnitt
nicht hätte rausbluten können

mittlerweile sehe ich sie manchmal an
wie sie das licht abgeben, das sie erhalten
wie schön sie dabei glitzern
wie auch einzelteile als ganzes
schön sein können

(und dann fehlst du mir nicht mehr
allzu sehr
weil ich weiss
du bist gut, wo du bist)

dass wir auf dem holzweg waren
wurde erst deutlich
als das knistern zwischen uns
den boden unter unseren füssen
in brand setzte

ich höre dich manchmal
wie ein leises echo
das im brustkorb abprallt
und sich im kopf leise hinlegt

manchmal lachst du
über mich
ohne dich lustig zu machen

manchmal beruhigst du mich
obwohl du an den tatsachen
doch gar nichts ändern kannst

manchmal schimpfst du auch
wenn ich nicht gut auf mich
acht gebe(n kann)

während deine worte in meinem kopf
endlos widerhallen
klirrt es ein bisschen dort
wo die worte herkommen

du warst nie besser für mich da
als wenn du weg warst

die stadt verschluckt den lärm
und mich gleich mit

wo sich scheinbar alles bewegt
ist der stillstand
am schlimmsten

mein rücken erinnert sich
an dein hämmerndes herz
meine beine erinnern sich
an die verknotungen mit deinen
meine wangen erinnern sich
an deine streichenden finger
mein herz erinnert sich
an dich, dich, dich

aber wie ein oktopus
erinnert sich jedes körperteil
nur für sich allein
und es verhält sich ähnlich wie mit dem
was mir noch von dir bleibt
egal wieviele teile
ergeben sie doch nie ein ganzes

die kalte nachtluft
trägt das leben der stadt
auf meinen balkon

sie hat gefühle im schlepptau
von denen ich nicht mehr wusste
dass sie existieren

vielleicht hatte mama ja recht
und wenn mensch zu oft die augen
verdreht
bleibt das irgendwann auch so

aber wenn mensch erst mal die augen
öffnet
bleibt ihm kaum eine wahl
als sie konstant zu verdrehen

es ist immer eines das bleibt
verlass dich auf dein gefühl
und nicht auf deine gefühle

du wolltest mich beschützen
und hast nie verstanden
dass blumen im schatten
nur halb so gut wachsen

wäre mein leben ein haus
wärst du nicht das fundament
du wärst keine tragende mauer
nicht der boden unter meinen füssen

du wärst viel eher
die kaputte birne beim dampfabzug
oder der knarrende parkett in der diele
das sperrige fenster im schlafzimmer

mein leben ist genau so komplett
wenn du nicht da bist
wie meine wohnung
mit all ihren kleinen fehlern

aber manchmal schleicht sich ein gefühl
ganz leise von hinten an
das nicht vergessen hat
wie schön es sein kann

wenn das licht beim herd funktioniert
wenn der boden nicht unter den füssen
ächzt
wenn das fenster sich auf anhieb
schliessen lässt
(wenn du da bist)

während ich immer
klartext sprach
standest du lieber
zwischen den zeilen

und egal wie nahe wir einander standen
haben wir uns doch immer
ganz knapp verpasst

für einen kurzen moment
hast du mir ein wenig
zu tief in die augen gesehen

dein blick ist in meinem brustkorb
aufgeschlagen
und hallt seither noch lauter
als unser gemeinsames lachen

"der zugang zu meinen gefühlen
ist eine tür, die nur von innen aufgeht"
hab ich geschrieben
vor knapp einem jahr

deine augen haben angeklopft
ich habe aufgemacht
scheinbar ist es auch eine tür
die nur von aussen wieder zugeht

ich wäre gerne (wo)anders
irgendwo in den sekunden
die nicht (ganz so) weh tun

ich wäre gerne mutig(er)
ohne zu zögern ins leben stürzen
ohne mir dabei den kopf zu (zer)brechen

im ständigen austausch
verschwinden die linien
zwischen meinen worten
und deinen

aneinander vorbeigesprochen
sogar dann, wenn wir eigentlich nichts
sagten
/
blicke können sich nur treffen
wenn man sich ansehen möchte

in manchen nächten
wirft das gelbe licht
der strasse
schatten in mein wohnzimmer
die aussehen wie du

manchmal sticht es dann
aber eigentlich bestätigt es doch nur
was ich schon lange weiss
egal wieviel licht dich umgibt
du bleibst für immer dunkel

manchmal fehlt bei zu viel nähe
der abstand
um einander auf augenhöhe
begegnen zu können

als wir uns kennenlernten
lag ich am boden
du hast dich über mich gebeugt
dich zu mir hingekniet

wie man das eben so macht
mit verletzten

du hast nur nie verstanden
dass ich keinen platz habe
aufzustehen
wenn du so nahe bei mir stehst

Herstellung und Verlag:
BoD - Books on Demand, Norderstedt
ISBN 978-3-7448-7052-8